dick bruna

nijntje en nina

mercis publishing - amsterdam

nijntje pluis had een vriendin

daar schreef zij brieven aan

zij woonde in een land, heel ver

van nijntjes land vandaan

zij heette nina en zij had

een fotootje gestuurd

en nijntje had het ingelijst

het hing nu aan de muur

en op een dag kwam er een brief

daarin stond: lieve nijn

’k kom met een vliegtuig naar je toe

hoi-hoi, riep nijn, wat fijn

wat leuk voor jou, zei moeder, die

de planten water gaf

dan gaan we naar het vliegveld toe

en halen we haar af

en vader pluis ging met ze mee

en moeder zei: kijk nijn

daar komt een heel groot vliegtuig aan

dat zou hem kunnen zijn

en moeder had gelijk gehad

want daar kwam nina aan

ha nijn, riep zij, daar ben ik dan

ik had je al zien staan

op weg naar huis toen zaten zij

gezellig naast elkaar

nina vertelde van haar reis

nijn luisterde naar haar

en thuis kregen ze allemaal

een grote beker thee

er waren boterkoekjes bij

en ieder mocht er twee

en na de thee toen balden zij

een tijdje in de tuin

ik vind jouw kleur zo mooi, zei nijn

jij bent zo prachtig bruin

zij deden ook nog krijgertje

hier zie je ze net gaan

wat kon die nina hollen, zeg

en nijn erachter aan

en ’s avonds bij het uitkleden

zei nijntje: weet je dat

ik ook liever een bruine buik

en niet zo’n witte had

maar toen was het de hoogste tijd

zij kregen elk een zoen

en droomden van de dingen die

zij morgen gingen doen

DICK BRUNA KINDERBOEKEN

NIJNTJE

16 nijntje
17 nijntje in de dierentuin
18 nijntje in de sneeuw
19 nijntje aan zee
33 nijntje vliegt
34 het feest van nijntje
41 nijntje in de speeltuin
42 nijntje in het ziekenhuis
49 nijntjes droom
59 nijntje op de fiets
62 nijntje op school
69 nijntje gaat logeren
70 opa en oma pluis
78 nijntje huilt
79 het huis van nijntje
80 het feest van tante trijn
86 nijntje in de tent
90 lieve oma pluis
92 nijntje in het museum
96 nijntje en nina
100 het spook nijntje
101 nijntje de toverfee
102 nijntje danst
106 de brief van nijntje
107 kleine pluis
109 de tuin van nijntje
112 nijntje in luilekkerland
114 een fluit voor nijntje
116 hangoor
117 koningin nijntje
119 nijntje is stout
120 een cadeau voor opa pluis

BETJE BIG

46 betje big
47 de tuin van betje big
50 betje big gaat naar de markt
67 de verjaardag van betje big
83 betje big is ziek
93 betje big gaat met vakantie
94 de winkel van betje big
108 een lied voor betje big
121 knorretje
123 knorretje en de oren van nijntje

BORIS EN BARBARA

73 boris beer
74 boris en barbara
75 boris op de berg
81 boris in de sneeuw
82 boris, barbara en basje
89 de boot van boris
98 boris en de paraplu
103 boris de piloot
104 de verkleedkist van barbara
105 boris de kampioen
111 boris en ko
113 boris doet de boodschappen

SNUFFIE

31 snuffie
32 snuffie en de brand
68 de puppies van snuffie
110 snuffie is zoek
118 een maatje voor snuffie

DIVERSEN

8 de appel
9 het vogeltje
10 poesje nel
11 fien en pien
12 het ei
13 de koning
14 circus
15 de vis
20 de school
21 de matroos
22 ik kan lezen
23 ik kan nog meer lezen
24 assepoester
25 klein duimpje
26 roodkapje
27 sneeuwwitje
28 b is een beer
29 boek zonder woorden
30 telboek
35 telboek 2
36 mijn hemd is wit
37a dieren uit ons land
37b dieren uit andere landen
38 boek zonder woorden 2
39 ik ben een clown
40 bloemenboek
43 ik kan nog v l meer lezen
44 ik kan moeilijke woorden lezen
51 heb jij een hobbie?
52 ik kan sommen maken
53 ik kan nog meer sommen maken
56 kerstmis
57 rond, vierkant, driehoekig
58 jan
60 de redding
61 wij hebben een orkest
63 sportboek
64 wie zijn hoed is dat?
65 wie zijn rug is dat?
66 lente zomer herfst en winter
71 stoeprand...stop!
72 iris een boek zonder woorden
76 de schrijfster
77 lotje
84 eegje egel
85 boe zegt de koe
87 wat wij later worden
88 het haar van de pop is rood
91 weet jij waarom ik huil?
95 ruben en de ark van noach
97 pim en wim
99 meneer knie
115 vogel piet
122 op de step
124 ezelsoor

96 nijntje en nina, 2021, 31st ed.
ISBN 978 90 5647 362 4
NUR 270, SBO 7

Exclusively arranged, produced and distributed by
Mercis Publishing bv, Amsterdam
Printed by SDP SachsenDruck Gmbh, Germany

www.nijntje.nl